गीत की आराधना में

मेरे जज़्बात मेरी कलम से

अनिरुद्ध पारीक

ISBN 9789354580086
© अनिरुद्ध पारीक 2021
Published in India 2021 by Pencil

A brand of

One Point Six Technologies Pvt. Ltd.
123, Building J2, Shram Seva Premises,
Wadala Truck Terminal, Wadala (E)
Mumbai 400037, Maharashtra, INDIA
E connect@thepencilapp.com
W www.thepencilapp.com

DISCLAIMER: *The opinions expressed in this book are those of the authors and do not purport to reflect the views of the Publisher.*

Author biography

Anirudh Pareek is one of the elite members of **"The Million Arts"** Family. With his intuitive quality and strong decision-making power, He gave **"The Million Arts"** numerous opportunities to serve many credible artists. Born and brought up in Rajasthan, India, Anirudh holds a passion for Public Speaking and Poetry. He currently runs his own "Not so Popular" talk show called **'Unwind with Anirudh'**, where he interviews diverse personalities from all realms of life.

After Graduating from the University of Rajasthan in the year 2007 with his Bachelors in Technology (Information & Technology) he initially worked with Radicle as Senior Software Engineer for a few years, later With his exceptional goal-oriented strategy he started leading the Technical and Management Teams of Radicle.

He believes in innovation and hence makes sure that there is an advancement in all areas of life from time to time.

The Million Arts Family
Website - https://themillionarts.com/
Facebook - https://www.facebook.com/millionartsforyou
Instagram - https://www.instagram.com/themillionarts/

Personal

LinkedIn - https://www.linkedin.com/in/anirudh-pareek-62962512/

Facebook - https://www.facebook.com/unwindwithanirudh

Professional - https://radicleinc.com/leadershipteam.html

CONTENTS

Author biography 3

Epigraph 7

Foreword 9

Preface 14

मेरे जज़्बात 15

तुम हो तो हो वरना कोई न होता 16

जिसकी तलाश में 17

कहीं आवाज़ होती है 18

रात अधूरी रह गयी 19

लफ़्ज़ों की शरारत 20

लेखनी के कण्ठ से 21

सुलझे हुए सवाल का 22

गीत की आराधना में 23

अगले गीत से पहले 25

ज़िन्दगी में अँधेरा 26

कुछ इश्क की भी बातें 27

चाँद जब रात में 28

स्याही की ज़ुबान 29

दिल का ये खेल...30

सुबह अखबार से पहले...31

कुछ बातें देश की..32

अंगारों सा जूनून..33

कागज़ और कलम..34

शहीदों की गिनती...35

अंगारों में जलती हुई..36

सावन की बौछार..37

प्यार मेरा..39

राजतन्त्र जब हमें लुभाने लगा था................................40

सोये हुए देश में...42

अब कुछ दर्द के किस्से..44

बात तब भी यही थी...45

जिसकी कहानी है ये..48

सुलझे हुए सवाल में...50

शोलों की निगेहबानी है..51

आँचल समेट के...53

सुलगता हुआ खामोश सवाल.....................................54

ऐसे मांगता हूँ तुझे खुदा से.......................................55

Epigraph

कुछ दोस्तों की कलम से..........

Introducing someone who crafted me to my best and made me capable of doing everything, is a little difficult.He is the best mentor, teacher, companion and foremost A Best Friend.
- **The Chosen one**

The person who carries a very idealistic personality and really has no idea of how many people he's inspiring.The one thing that makes him quite special is that the size of his smile is directly proportional to the problems he faces.
 - **The Troubler**

Don't go on the simplicity of his face, he has quite a flirtatious personality but yeah!! with sophistication.A great storyteller but I don't know how he had so many experiences and most of them turned out to be fantastic.
 - **My Darling**

He might be sitting here but you never know where his mind is traveling.There is a famous saying about books "you can travel the whole world while reading without moving an inch"
 - **Oh you beauty I know who you are**

I would say, listen to his travel stories and voila!! You had the experience of lifetime!! He may impress you with the poetic personality but never underestimate him for his qualities as a leader.. trust me he's the best leader I came across.

  - My Travel Buddy

So much professionalism and yet so charming !!!
Such a mature thinking and yet a kid's heart !!!
So many obstacles and yet the strength to jump up and dream again !!!

He's the person who made some of us realize our worth, who pushed us towards a better life, who taught us to dream for ourselves, to get a life that we always wanted. That's Anirudh for you

  - My Team

Foreword

कुछ लोग जिन्होंने किताब पढ़ी भी और मुझसे सुनी भी, बहुत समय भी लगा पर उनकी प्रतिक्रियांए देखकर मन प्रफुल्लित हो गया।

अनिरूद्ध पारीक ने दिल खुश कर दिया। मस्ती भरे दो मुक्तकों के बाद उनका गीत 'सावन की बोछार में, मौसम की बहार में 'उन्होंने जिस लय में सुनाया उसने गीत के श्रृंगार को चार चाँद लगा दिये। इसके बाद पढ़ा शेर और गीत 'वंदना में भी इक क्रंदना है,अब समर बेअसर हो रहा है ' ने भी उतना ही प्रभावित किया। मैं इस लाजवाब गीतकार की मुक्त कंठ से प्रशंसा करता हूँ और उनके उज्जवल भविष्य की कामना करता हूँ । -
डॉ. महावीर प्रसाद जोशी

अनिरूद्ध, उसे हम जब भी इकट्ठे होते है,सुनते हैं,लेकिन आज उसे सुनना बड़ा अच्छा लगा। उसके खुद के अपने गीत के साथ। गीत की वंदना गीत में,क्या ही सुंदर और ओज माधुर्य के साथ गाया,दूसरा गीत आज की राजनीति की सही परख पर,अनिरूद्ध ने सही से पकड़ा है राजनीति के छेदीलालो को,समय और सामयिकता का सुंदर सामंजस्य किया,अनुपम भावो के मुक्तक और एक शेर भी पढा,अंत में वेदना भरा गीत जिसमे कविमन आहत है,वंदना में भी क्रंदना ढूंढता है,ये समय और दौर सभी के जीवन में आता हैं,उसे बहुत समीचीन स्वर

और गान दिया ,अनिरुद्ध ने, हमें गर्व है। निरंतर आगे बढो। -
गोवेर्धन प्रसाद पारीक (बड़े पापा)

क्या बात है अनिरुद्ध पहली बार तुझे सुना और पढ़ा। वाह भाई वाह बहुत सुंदर रचनाएँ और आकर्षक प्रस्तुति। तुम बहुत आगे तक जाओ, इस क्षेत्र में तुम्हें बहुत यश व नाम मिले यही शुभाशीष है। - **रेखा लोढ़ा 'स्मित'**

आदरणीय अनिरुद्ध जी आप वाचिक परम्परा के एक अच्छे कवि है। गीत में आपके उतार चढ़ाव बड़े सहज व सटीक है आपका कण्ठ भी बड़ा मधुर है। - **कवि सुरेन सागर**

आज आपने अपने काव्य पाठ का शुभारंभ एक गीत से किया जिसके बोल थे - गीत की आराधना में, शब्द ही तो प्राण है । फिर एक कविता देश के हालात पर जिसमें समस्या और समाधान दोनों इंगित किए है आपने ।राजनीति शिखंडी होने लगी है ।प्रस्तुत कर दो मुक्तक पढ़े ।इसके पश्चात एक मधुर वाणी में गीत पेश किया जिसके बोल थे -सावन की बौछार में ।इसके बाद एक लाजवाब शेर -दुनियाँ ऐसे अनजान दोराहे पर फँसी है । अंत में एक शानदार गीत जिसके बोल थे -जिंदगी में अँधेरा हुआ है , पढ़कर अपनी वाणी को विराम दिया । कुल मिलाकर सारी रचनाएं बहुत ही अच्छी, एवं सारगर्भित थी । जब आप अपनी मधुर वाणी में रचनाएं सुना रहे थे तो ऐसा लग रहा था कि आप एक मंझे हुए रचनाकार कवि है । इस अवसर पर मैं अनिरूद्ध को बहुत बहुत बधाई एवं ढेर सारी हार्दिक

शुभकामनाएँ देता हूँ तथा इसके उज्ज्वल भविष्य की कामना करता हूं कि यह इस क्षेत्र में खूब उन्नति करें । - **श्याम सुन्दर तिवाड़ी मधुप**

युवा कवि एवं गीतकार श्री अनिरुद्ध पारीक की विविधता लिए हुए रचनाएँ सुनीं । 'गीत की आराधना में शब्द ही प्रमाण है ' जैसे अत्यंत भावमय गीत के बाद आपने राजनीति अब शिखंडी हो गई है ' के माध्यम से,वर्तमान राजीतिक परिप्रेक्ष्य का जीवन्त चित्रण कर दिया । कोरोना की विश्वव्यापी महामारी से व्युत्पन्न अवसाद को आपने ' अब ये आलम जहाँ में हुआ है , एक बिखरती -उखड़ती ज़मीं है ' गीत के माध्यम से साकार किया ।आपके सरस मुक्तकों में,जीवन के रंग साँस लेते हुए दिखाई दे रहे थे। आपकी सभी रचनाएँ उच्चकोटि की और भाव-शिल्प दोनों दृष्टियों से सर्वांगपूर्ण और महनीय थीं । लाजवाब काव्य-प्रस्तुति हेतु हार्दिक बधाई देते हुए मैं आपकी भावी काव्ययात्रा तथा उज्ज्वल भविष्य हेतु समग्र पटल की ओर से आपको हार्दिक शुभकामनाएँ देता हूँ । - **रवि कांत सनाढ्य**

अनिरुद्ध का प्रस्तुतिकरण और लेखन दोनों सबल भाव भूमि पर है शिल्प की चर्चा नहीं करूंगा पर शब्द चयन और कथ्य दोनों श्रोताओं को प्रभावित करते है गायकी मधुर है बधाई बनती है आशीष भी बनता है मेरी ओर से स्वीकार करो उम्मीद है की गीत के शिल्प और हिन्दी साहित्य की समृद्ध परम्परा के छंदों की जानकारी भी जल्दी ही प्राप्त कर लोगे और विज्ञान के साथ साथ साहित्य की सेवा भी कर पाओगे - **प्रहलाद चंद्र पारीक (पापा)**

अद्भुत शब्द शिल्प,स्वर की मधुरता एवं भाव सौन्दर्य हर दृष्टि से इनकी प्रस्तुति श्रेष्ठ थी।इनकी रचनाएँ गहराई लिए हुए हैं।गीत-गीत की आराधना में शब्द ही तो प्राण हैं,देश के हालात पर लिखी कविता "राजतन्त्र जब हमें लुभाने लगा था",मुक्तक "मोहब्बत हो नहीं सकती कभी तकरार से पहले",गीत-"सावन की फुहार में' एवं असामयिक परिस्थितियों के सन्दर्भ में प्रस्तुत गीत "जिन्दगी में अन्धेरा हुआ है" सभी रचनाएँ श्रेष्ठ एवं संदेशपरक हैं।इनकी रचनाओं में गम्भीरता स्पष्टतः परिलक्षित होती है।साहित्यिक परिवेश में इसी प्रकार उत्तरोत्तर आगे बढ़ते रहें इन्हीं शुभकामनाओं के साथ पुनः बहुत बहुत बधाई। - **गोपाल लाल दाधीच**

शुभकामनाएं॰।मुक्तक लयबद्ध सुनें आनन्द आगया।श्रृंगार का व गंभीर गीत सुना ।हाव भाव ,मुद्रा से परिवेश प्रेरक हो गया। शानदार प्रस्तुति है। शशि ओझा। काव्य साधना में भविष्य उज्ज्वल होगा। शुभाशीर्वाद । - **शशि ओझा**

बहुत ही शानदार प्रस्तुति | आपकी रचनाओं का प्रत्येक शब्द दिल को छू गया । मां शारदे की आप पर सदा कृपा बनी रहे । भविष्य में आप विख्यात कवि बनेंगे मुझे ऐसा पूर्वाभास हो रहा है । आप में असीम संभावनाएं है । आप यूहीं अच्छा अच्छा लिखते रहे । ढेरो शुभकामनाए - **नवीन 'नव'**

वेल डन अनिरुद्ध, तुम्हारे काव्य के बारे में सुना भी और देखा भी, एक प्रभावी विरासत को अपने भावी लेखन में सहज भाव से उकेरने का प्रयास करते हुए हमें देखने का अवसर मिला है,

कंटेंट, और कथ्य के अलावा पंच लाइन का अभ्यास आप के लेखन को धार दार बनाएगा। बधाई| - **अरूण शर्मा "अजीब"**

Preface

सुरज की तपन को तुम कुबूल करते हो

चांद को समझने में फिर भूल करते हो

चांद के जुनून का हिसाब नहीं है

उसकी ताकत का कोई जवाब नहीं है

सागर की लहरों में जब उठता तुफान है

चांद की सत्ता का ही तो वो फरमान है

फिर भी हर सीपी में वो मोती पिरोता है

भावों का समंदर ऐसा ही तो होता है।

.........बस यही मेरी कहानी और यही मेरे जज़्बात हैं और अब फैसला आप लोगों के हाथ है।

मेरे जज़्बात

मेरी कलम से फूल भी झरते हैं
और ख़ून भी बहता है
फूल तेरी राहों में बिछ जाने के लिए
और ख़ून तेरे ख़ून में मिल जाने के लिए

और क्या कहूँ.....

कुछ मेरी नाराज़गी के किस्से थे,
कुछ तुम्हारी चाहतों के
बस इसी एक पन्ने में
ज़िन्दगी की कहानी सिमट गयी

तुम हो तो हो वरना कोई न होता

तुम हर रोज़ कमाल के कमाल करते हो
आँखों से बेहद खूबसूरत सवाल करते हो

तुम्हारे लब जब मेरे लबों के आगोश में हैं
तुम अब भी खामोश हो हम अब भी होश में हैं

और मैं भटकता मुसाफिर...

बियाबान से निकल के दूर तलक आया हूँ
सिर्फ तेरी झलक के लिए फलक तक आया हूँ

जिसकी तलाश में

जिसकी तलाश में तू दरबदर हो गया है
सुना है उसका एक घर हो गया है

जिसे रहती थी तेरी हर सांस की खबर
वो हर बात से बेखबर हो गया है

तेरे सपनों को तराशने में उम्र गुज़ारी है मैंने
उन्हीं सपनों का कोई और हमसफ़र हो गया है

बहुत अधिकार से कब्ज़ा किया था दिल पे तेरे
दिल वही है कोई और रहगुज़र हो गया है

मासूम मोहब्बत की पुकार थी कभी दिल में
बिना आवाज़ अब बेबस पत्थर हो गया है

धड़कनों की आवाज़ भी सुनाई नहीं देती
बेसबब आगोश में खंज़र हो गया है

कहीं आवाज़ होती है

कहीं आवाज़ होती है, कहीं अन्दाज़ होता है
मेहरबानों की बस्ती में, सदा हमराज़ होता है
हमारा फैसला ही तो हमेशा, ये बताता है
के इस परवाज़ पे कैसा, सुरीला साज़ होता है

जो तुम नाराज़ होती हो, तो मैं भी चल नहीं पाता
हवा के संग रहता हूँ, मगर संभल नहीं पाता
अधूरी ज़िन्दगी हो जाती है, तेरे बिना मेरी
मरुस्थल की तपिश में मैं, कभी भी जल नहीं पाता

रात अधूरी रह गयी

रात अधूरी रह गयी बात अधूरी रह गयी
तेरे न आने का सबब मुलाकात अधूरी रह गयी

फिर भी..

तुम्हारी मोहब्बत का मैं कायल हो गया
तुम्हारी आहट हुई और मैं शायर हो गया

पर उस रात भी..

महफ़िल सजी थी सब निगेहबान थे
तू दर्द घोल के पैमाना पी गया
तू आदत से मजबूर था और मैं इबादत से
जब महफ़िल उठी तो मैं मयख़ाना पी गया

लफ़्ज़ों की शरारत

दिल को जब आती है तेरी याद यूँ ज़ालिम
लफ़्ज़ों की शरारत को धडक़नें समझती है

क्यूँ ये रात आयी है चाँद में नहाने को
इसकी बेबसी का ग़म चाँदनी समझती है

उसके दरवाज़े पे दे रहा हूँ दस्तक
उसकी बेबसी को तो खिड़कियाँ समझती है

जब चला जाएगा तुम ये बात सोचोगे
वक़्त की नज़ाकत को पीढ़ियाँ समझती हैं

फिर वो आज आएगी चाँद के बहाने से
उसकी बेकशी का ग़म चाँदनी समझती है

लेखनी के कण्ठ से

लेखनी के कण्ठ से जो, बही पीर बूँद बूँद,
व्योम का भी तेज ताप शीत बन जाएगा ।।

जुगनू की रोशनी में भोर की है आशा एक,
शब्द शब्द भाव रूप मीत बन जाएगा ।।

कल का उकेरा मेरा चित्र मित्र पूर्ण होते,
गोपियों का प्रेम नवनीत बन जाएगा ।।

भाव भरी स्याही से जो लिख दिया "अनिरुद्ध"
प्रीत के पुराण का वो गीत बन जाएगा ।।

सुलझे हुए सवाल का

सुलझे हुए सवाल का उलझा हुआ जवाब हूँ
उड़ी उड़ी सी नींद का सोया सा एक ख़्वाब हूँ
मेरी कोई हैसियत नहीं ये भरम है तुम्हारा
पानी की एक बूंद में समंदर की ताब हूँ

ज्वार पे लिखो, भाटे पे लिखो
फुल पे लिखो, कांटे पे लिखो
धरती पे लिखो, आकाश पे लिखो
शब्द के अटूट विश्वास पे लिखो
और लिखने की जब तमन्ना मर जाए।
लिखने के अंतिम प्रयास पे लिखो

गीत की आराधना में

गीत की आराधना में, शब्द ही तो प्राण है
गुनगुना रहा हूँ मैं ये, प्यार का प्रमाण है

जब तुम्हारे अधरों से, मेरा मन छला गया
मन मेरा तरंग लेके, तेरे संग चला गया
शब्द बन गए जो गीत, मीत से मिला गया
जिस्म में जो हूक उठी, अर्थ भी छला गया

अब तो मेरी साधना, अबोध सत्य प्राण है
गुनगुना रहा हूँ मैं ये, प्यार का प्रमाण है

दिल में जो उठा है तेरे, प्रश्न है बड़ा सरल
हर जटिल से प्रश्न का भी, प्रेम ही सरल सा हल
विवशता की ये याचना है, मन रहा मेरा मचल
तेरे स्पर्श से ही होगा, रूद्र अक्ष ये सकल

गीत ही हैं वेद मेरे, गीत ही पुराण हैं
गुनगुना रहा हूँ मैं ये, प्यार का प्रमाण है

अक्षरों के व्युह से जब, शब्द ये रचा गया
वज्र के प्रहार से भी, पार्थ को बचा गया

याज्ञसेनी आत्मा को, अधर्म जब पचा गया
सुदर्शना की गर्जना से, फिर प्रलय मचा गया

गुनगुना रहा हूँ मैं ये, प्यार का प्रमाण है
परम की वो जो आत्मा है, उसको ये प्रणाम है

अगले गीत से पहले

अगले गीत से पहले....

दुनिया एक ऐसे अंजान दोराहे पे फँसी है
रास्तों पे मौत और घरों में बेबसी है

ज़िन्दगी में अँधेरा

ज़िन्दगी में अँधेरा हुआ है अब समय का असर हो रहा है
वंदना में भी एक क्रून्दना है अब समर बेअसर हो रहा है

अब ये आलम जहाँ में हुआ है एक बिखरती उजड़ती ज़मीं है
बस तुम्हीं हो हमारे लिए भी ज़िन्दगी में तुम्हारी कमी है

जान आफत में अब आ फंसी है आंसुओं का कहर हो रहा है
वंदना में भी एक क्रून्दना है अब समर बेअसर हो रहा है

ग़म की कैसी सलाखें बनी है ज़िन्दगी अब तो देती दुहाई
मुझपे इतना करम कर दे मौला मांगता हूँ मैं अपनी रिहाई

गुज़र चुकी है वही ज़िन्दगी थी अब सफर ये ज़हर हो रहा है
वंदना में भी एक क्रून्दना है अब समर बेअसर हो रहा है

कुछ इश्क की भी बातें

तुम यूँ भी कहती हो के....

राज़ की बात है ये तुमको भी सुनाती हूँ
प्रेम के आखरी सन्दर्भ को बताती हूँ
तेरी छुअन की तपन जब बदन में होती है
बना के कृष्णा तुझे बांसुरी बन जाती हूँ

और फिर मैं ये कहूं के.....

सुर्ख होठों में जो शरारत है
ये तेरे हुस्न की इबादत है
इनको शब्दों में बाँध लेता हूँ
ये मेरे गीत की नज़ाकत है

चाँद जब रात में

चाँद जब रात में निकलता है
चांदनी का भी मन मचलता है
रात अंगड़ाइयां लेती है
हुस्न जब करवटें बदलता है

दिल का रिश्ता अजीब होता है
दूर रहकर करीब होता है
उनके क़दमों तले ज़माना है
प्यार जिनको नसीब होता है

स्याही की जुबान

स्याही की जुबान जब पीर जैसे लग रही हो
शुन्य में प्रसून देने आसमाँ भी आयेगा

जुगनुओं की रौशनी में सहर की आस भी है
शब्द शब्द अर्थ अर्थ मीत बन जाएगा

कल जो उकेरा था वो आज तक अधूरा है जो
प्रेम गीत मेरा ये प्रतीक बन जाएगा

चाहत की शबनम को स्याही में भिगो के लिखा
नेह का ये स्नेह गीत प्रीत बन जाएगा

दिल का ये खेल

तेरा जाना तो बस बहाना है
साथ तुमको मेरा निभाना है
प्यार तेरा बहुत निराला है
दिल का ये खेल बहुत पुराना है

प्यार समझो यही गुज़ारिश है
इसमें मरना तो मेरी ख्वाहिश है
चांदनी जब जवान होती है
रात अब चाँद की सिफारिश है

सुबह अखबार से पहले

जो मुझको मान लोगी तुम तुम्हारे प्यार का हिस्सा
समझ जाओगी ऐ शबनम तुम भी रात का किस्सा
ज़रा आकर के समझाना मोहब्बत नाम है किसका
तेरी आँखों के काजल सा हंसी अंजाम हो जिसका

बहुत इनक़ार होता है हँसी इक़रार से पहले
मोहब्बत हो नहीं सकती कभी तकरार से पहले
भरे बाज़ार में चर्चे हमारे खूब होते हैं
तेरा जब ज़िक्र करता हूँ सुबह अखबार से पहले

कुछ बातें देश की

कुछ बातें देश की ....

अंगारों सा जूनून

दिल में जो एक फर्क है पुकारता वही
प्यार की परिभाषा को संवारता नहीं

ज़ुल्म की गुलामी क्यों क़ुबूल रहे हो
संविधान की सत्ता को भूल रहे हो

तेरी मेरी उनकी अब हम बातें क्यों करें
रह गयी अधूरी मुलाक़ातें क्यों करें

कुछ न कहने से भी तो छिन जाएगा सुकून
देश को अब चाहिए अंगारों सा जूनून

कागज़ और कलम

झूठे वादों से सबको कब तक बहलाओगे
लिखने का अब हौसला कहाँ से लाओगे

अक्षरों की कलम से इतनी गुज़ारिश है
स्याही की जगह अब खून की ही बारिश है

सच्चाई कोई भी अब संभलता नहीं
झूठ से पर्दा कोई निकलता नहीं

सत्ता के बाजार में गुलाम हो गए
कागज़ और कलम अब बेजुबान हो गए

शहीदों की गिनती

सूरज को जो दे सकूँ वो अर्क नहीं है
खून और पानी में कोई फर्क नहीं है

मैं शहीदों की व्यथा सुनाने लगा हूँ
उनकी गाथा को भी गुनगुनाने लगा हूँ

शहीदों की गिनती की किताब नहीं है
जिस्म की खरोंचों का हिसाब नहीं है

ज़िंदा पहरेदार का सम्मान नहीं है
देश पे होता जब तक कुर्बान नहीं है

अंगारों में जलती हुई

अंगारों में जलती हुई बात उठाने
देश का ईमान और सम्मान बचाने

बुझती आँखों में जलता चिराग लिए हूँ
धड़कन में सुलगती हुई आग लिए हूँ

मेरे शब्दों की कीमत तुम क्या लगाओगे
कैसे सोई आत्मा को तुम जगाओगे

दर्द पहरेदार हैं अब मेरे गाँव में
अरमानों की अर्थी है जलते अलाव में

सावन की बौछार

सावन की बौछार में मौसम की बहार में
मेरे दिल का गीत तू भी सुन

साज़ की आवाज़ है ये
प्यार की परवाज़ है

धड़कन भी सुनाती है ये धुन

सागर की पुकार बोले
नदिया का ये प्यार बोले
मेरे मन के तार बोले

अरमानों की आस पुकारे तुझे
लेके आजा प्यार का शगुन

चाहत की कहानियों में
हुस्न के चर्चे बड़े हैं
होठों की हँसी को तू भी सुन

आँखों की तेरी नमी का
मेरी साँसों में नशा है

जैसे फूलों की चटकती धुन

तेरे हुस्न की कहानी
जैसे बहता हुआ पानी
उसमें मेरी भी जवानी
मांगती है प्यार

तू आजा अब तो
छेड़ता हूँ प्यार की मैं धुन

प्यार मेरा

प्यार मेरा कब तुम्हें लुभाने लगेगा
मेरा दिल तेरी कहानी गाने लगेगा

कैसे कह दूँ तुझे में मेरी आत्मा नहीं
मेरा दिल भी दर्द अब सुनाने लगेगा

तू तो मेरे प्यार में अधूरी होती है
ये कहानी यूँ ही कहीं पूरी होती है

तेरी बातों में मुझे सुकून चाहिए
मिट रहा है वो ही तो जूनून चाहिए

राजतन्त्र जब हमें लुभाने लगा था

राजतंत्र जब हमें लुभाने लगा था
मुर्दा लोकतंत्र को चबाने लगा था

रोटी की बिलखती हुई भूख के लिए
अब न राजनीति हो रसूख के लिए

ज़िंदा कौमें अब तो बदलने लगी है
दर्द भरी दास्ताँ मचलने लगी है

राजनीती अब शिखण्डी होने लगी है
भीष्म की भुजाओं को डुबोने लगी है

ऐसी राजनीत से डरे हुए ये लोग

बहते हुए इनके इस जूनून के लिए
लिख रहा हूँ नौजवान खून के लिए

वादियों में उठता हुआ जो बवाल था
देश की सुरक्षा का बड़ा सवाल था

उसका समाधान भी ज़रूरी हो गया

रोती माँ की आँखों के सुकून के लिए
सीमाओं पे बहते हुए खून के लिए

ज्वाला इंक़लाब की जलाने के लिए
भारती के भाल को बचाने के लिए

सोये संविधान को जगाने के लिए
फिरता हूँ यहाँ वहां जुनून को लिए

मुल्क की आवाम के सुकून के लिए
लिख रहा हूँ नौजवान खून के लिए

अस्मिता की आस्था बचने के लिए
पीड़ा भूखे पेट की सुनाने के लिए

बहती हुई धारा का प्रवाह देखकर

मैं कलम उठाने को मजबूर हो गया
बेबसों का दर्द गुनगुनाने के लिए

सोये हुए देश में

सोये हुए देश में कमाल हो गया
ज़िंदा लाशों में यहाँ बवाल हो गया

ऐसी धारा चल रही मेरे देश में
शोर सारा कर रही मेरे देश में

राजनीति के ही हथकंडे हो गए
आवाज़ों के सारे जोश ठन्डे हो गए

मरता यहाँ कौन है ये फर्क क्यूँ करें
आपस में हमेशा हम ये तर्क क्यूँ करें

रोटी की पुकार सरे आम हो गयी
भूख से बिलखती हर शाम हो गयी

जनता की आवाज़ को मचलना पड़ेगा
देश के हालात को बदलना पड़ेगा

सूरज की तपन को तुम कुबूल करते हो
चाँद को समझने में फिर भूल करते हो

चाँद के जुनून का हिसाब नहीं है

उसकी ताकत का कोई जवाब नहीं है

सागर की लहरों में जब तूफ़ान उठेगा
देश के गद्दारों का निशान मिटेगा

तेरी मेरी उनकी अब हम बातें क्यूँ करें
रह गयी अधूरी मुलाकातें क्यूँ करें

कुछ न कहने से भी तो छिन जाएगा सुकून
देश को अब चाहिए अंगारों सा जुनून

शिवना की पुकार को मचलना पड़ेगा
केदारा तुझे समंदर बनना पड़ेगा

अब कुछ दर्द के किस्से

टूटे हुए दिल के बिखरे टुकड़े
परत दर परत मेरी ज़ुबानी है

उनको समेट के खंज़र मारा
ये उसकी दी हुई निशानी है

कितना भी कह लूँ मैं उसे बेवफा
यही मेरा किस्सा यही मेरी कहानी है

एक ही बात से बहुत बार तड़पा हूँ
अब लगी आग बुझानी है

बस अब एक ही बात समझ नहीं पाता हूँ
आखिर क्यूँ मुझे इतनी हैरानी है

बात तब भी यही थी

बात तब भी यही थी

बात अब भी यही है

रात तब भी यहीं थी

रात अब भी यहीं है

रौशनी की एक किरण जो नज़र आयी थी

जिसे देख कर धड़कने भी मुस्कुरायी थी

बहुत करीब से देखा था मैंने उसे आते हुए

अपने आगोश में जाने क्या क्या लायी थी

साँसों की महक से तेरे जाने की दहक तक

जान पे तब भी बनी थी

जान पे अब भी बनी है

बात तब भी यही थी

बात अब भी यही है

रात तब भी यहीं थी

रात अब भी यहीं है

उन पलों की ख़ूबसूरती एक मिसाल थी

बेसबब तेरे आने की आदत कमाल थी

ख़ामोशी से इश्क़ बहका गया था मुझे

तेरी मोहब्बत की कसक बेमिसाल थी

मजबूरियों की ज़िन्दगी जीता रहा था मैं

आँखों में तब भी नमी थी

आँखों में अब भी नमी है

बात तब भी यही थी

बात अब भी यही है

रात तब भी यहीं थी

रात अब भी यहीं है

जब तूने मेरे दिल का हर कोना टटोला था

बहुत मुश्किल से मैंने अपना दिल खोला था

मुस्कुराने की वजह बनी थी तेरी हर बात

जब बातों के नशे में तूने प्यार घोला था

दिल में कसक लेकर चल रहा हूँ मैं

 तेरी तब भी कमी थी

तेरी अब भी कमी है

बात तब भी यही थी

बात अब भी यही है

रात तब भी यहीं थी

रात अब भी यहीं है

जिसकी कहानी है ये

जिसकी कहानी है ये वो एक राज़दार था

उसपे हमारे देश का दारोमदार था

उसने ही तो ये बड़ी हुंकार भरी थी

खून की आज़ादी की ललकार भरी थी

अब मैं सुना रहा हूँ वो एक अनसुना हिस्सा

जिसमें बसा है देश के उस दर्द का किस्सा

कैसे कहूं के हादसा वो कैसे हो गया

ये सोचकर के जैसे मेरा ज़हन सो गया

वो चाहता था देश की मिट्टी का बिछौना

न हो सका नसीब उसे कोई भी कोना

छोटी सी उम्र में वो बड़ा काम कर गया

अपनी जवानी देश के वो नाम कर गया

कैसी ये करामात वो उस वक़्त कर गया

पर देश को आज़ाद देखे बिन ही मर गया

बस इतनी सी एक बात का अफ़सोस रह गया

हर आदमी उस लाश पे खामोश रह गया

मेरी कलम के शब्द आज उनके नाम है

नेता सुभाष को ये मेरा एक प्रणाम है

सुलझे हुए सवाल में

वो जो दर्द दे रहा है उसकी है मौज
तू क्यों उसकी याद में मरता है रोज़

कहाँ जा रहा है किसकी है खोज
कितना भागता है तू ठहर के सोच

और जब बात समझ आ जाए तो कहना......

सुलझे हुए सवाल में
उलझे हुए जवाब में
उड़ी उड़ी सी नींद में
सोये से एक ख्वाब में
पाने की उस आस में
तेरे होने के एहसास में
चाहत का जो जुनून है
वही मेरे दिल का सुकून है

शोलों की निगेहबानी है

इस रात के आगोश में
एक अनजान कहानी है

कहीं इश्क़ के वादे हैं
कहीं दोज़ख में जवानी है

सूनेपन के किस्से
बहुत सुने थे हमने

हम पे बीती तो पता हुआ
अपनों की मेहरबानी है

खामोश लफ़्ज़ों से
तेरा पता पूछता हूँ मैं

की कैसे लब खोलूं
शोलों की निगेहबानी है

उम्र के हर एक दौर को
करीब से समझा थे मैंने

फिर वही बेबसी का किस्सा

हर बार वही कहानी है

बेजुबान परिंदों को
बिजली के तार पे
तड़पते देखा है तुमने

बस वही दर्द
मेरे प्यार की निशानी है

आँचल समेट के

आँचल समेट के अपना इशारा तो दे
क्यों मोहब्बत में इतना शरमाई है

उम्र गुज़री है तेरी तलाश में
दिल के हर कोने में तू समाई है

परिंदों की मंज़िल उड़ान से है
पर कशिश समंदर की गहराई है

ये जो तेरी याद में तनहाई है
बहुत मुश्किल से हुई आशनाई है

सुलगता हुआ खामोश सवाल

सुलगता हुआ खामोश सवाल हूँ
ज़िन्दगी की खातिर बेमिसाल हूँ

रूह से आवाज़ आने लगी है
इंसान हूँ भी या सिर्फ बेसवाल हूँ

तूफ़ान के पहले जो शांति होती है
उसी सन्नाटे के शोर का भूचाल हूँ

तू जान पाती तो राहत होती, न हो पाई
तभी मैं सुलगता हुआ सवाल हूँ

ऐसे मांगता हूँ तुझे खुदा से

ऐसे मांगता हूँ तुझे खुदा से
जैसे किसी ने माँगा ही नहीं

तेरी आँखों की क़यामत ही है
मेरे जीने का और आसरा ही नहीं

तू कहे न कहे, तू रहे न रहे
जानता हूँ अब कोई वास्ता ही नहीं

भुला के मोहब्बत यूँ गुम तुम
कैसे दुनिया समझे कोई माजरा ही नहीं

जो मेरी पुकार पे मुँह फेरा है तुमने
ये जानते हुए की मेरा कोई सहारा ही नहीं